Lb⁴⁵ 212.
D.

(Par M. Beuchot.)

Lb⁴⁹ 212.
D.

(Par M. Beuchot.)

ORAISON FUNÈBRE

DE BUONAPARTE,

PAR UNE SOCIÉTÉ DE GENS DE LETTRES;

PRONONCÉE AU LUXEMBOURG, AU PALAIS-BOURBON,
AU PALAIS-ROYAL, AUX TUILERIES ET AILLEURS.

CINQUIEME EDITION,
REVUE, CORRIGÉE, DIMINUÉE ET AUGMENTÉE, AVEC
PRÉFACE, VARIANTES ET INDEX.

> Pour assurer le bonheur et la gloire de la France, pour rendre à tous les peuples la liberté du commerce et des mers, et fixer enfin la paix sur la terre, Dieu créa Buonaparte et se reposa.
>
> Préfet du Pas-de-Calais; Mon. du 17 messid. an XI, pag. 1291, colonne 1.

AUX DÉPENS DES AUTEURS.

A PARIS,

Chez
- DELAUNAY, Libraire, au Palais-Poyal, galerie de bois, n° 243;
- DENTU, *idem*, galerie de bois;
- PELICIER, *idem*, galerie de la première cour, n° 10;
- BLANCHARD, *idem*, passage Montesquieu.

1814.

AVIS AUX AMATEURS.

Les Bibliographes sont avertis que c'est dans le Moniteur qu'existe la première Édition de cet Opuscule.

Imprimerie de Chanson.

PRÉFACE.

A Sparte (1), les ilotes étaient employés dans les funérailles des rois à s'écrier que le prince qu'on venait de perdre était le meilleur des princes. Dans les temps modernes, c'était aux ministres de la religion que ces fonctions étaient confiées. Nous n'avons pas voulu laisser tomber en désuétude cet usage: car tout ce qui est ancien est bon, par la seule raison que c'est ancien.

---

(1) *Histoire de l'Académie des Inscriptions et Belles Lettres*, tome XXIII, Mémoires, page 283.

AVIS IMPORTANT.

Dans la troisième édition, et dans quelques exemplaires de la quatrième, on lisait, dans la première phrase « *les sujets* », au lieu de « les *sujets* » ; ce qui indique que le mot « les » n'est pas dans le texte, qui porte en effet *ces sujets*.

Cette erreur, légère en apparence, ayant paru grave, et pouvant même, dit-on, dénaturer la pensée de l'auteur, comme j'ai toujours été bien loin de vouloir dénaturer les pensées de qui que ce soit, pour prouver la droiture de mes intentions, j'ai cru devoir avoir égard à la réclamation qui a été faite; et, pour le faire pleinement, j'ai supprimé dans la quatrième édition le passage ou membre de la phrase dans lequel étaient les mots qui ont paru altérés : j'ai retranché la phrase entière dans cette cinquième édition.

ORAISON FUNÈBRE

DE BUONAPARTE,

PAR UNE SOCIÉTÉ DE GENS DE LETTRES;

PRONONCÉE AU LUXEMBOURG, AU PALAIS-BOURBON,
AU PALAIS-ROYAL, AUX TUILERIES ET AILLEURS.

In memoria æterna erit....

JE veux célébrer cet AVENTURIER OBSCUR (1), *cujus nomen fines terrarum pervasit, et cujus operâ Deus usus est ut catholica religio in Galliis publicam rursus in lucem emergeret.... Atque hìc sine gratissimi animi sensu commemorare non possumus hilaritudinem illam, comitatem, benevolentiam, animique propensionem, quâ...... nostras petitiones excepit* (2).

---

(1) Termes employés par divers écrivains depuis la restauration.

(2) .... « dont le nom est parvenu jusqu'aux extré-
» mités de la terre, et dont Dieu s'est servi pour rendre
» à la religion chrétienne tout son éclat dans les Gaules...
» Nous ne pouvons, sans les sentimens de la plus vive
» reconnaissance, rappeler la grâce, l'affabilité, la bien-

O vous ! président, orateur éloquent du Corps législatif, révélez-nous le secret de peindre les sentimens par la parole, cet art avec lequel vous célébrez si noblement les merveilles du règne de Napoléon (3).

Buonaparte fut le souverain légitime des Français ; il n'a pris la place de personne, *la première place était vacante, le plus digne a dû la remplir : en y montant, il n'a détrôné que l'anarchie* (4).

» veillance et les bonnes dispositions avec lesquelles il » accueillit nos demandes ». S. S. Pie VII, allocution du 26 juin 1805...; fragment cité à la page 299 du tome II de la troisième édition de l'*Essai historique sur la Puissance temporelle des Papes*. NOTA. Cette troisième édition, augmentée d'un volume où sont des pièces justificatives, dont douze *inédites*, n'a pas été mise en vente. On ignore pourquoi le gouvernement impérial, après avoir fait imprimer cette troisième édition, ne la mit pas en circulation; on sait seulement qu'une quarantaine d'exemplaires ont été arrachés à l'oubli ou sauvés de la destruction.

(3) M. Portiez (de l'Oise); *Discours prononcé le jour de l'inauguration de la statue de S. M. I. et R., votée par la Faculté de Droit de Paris*. Paris, Ballard, 1809, in-4°, pag. 5.

(4) M. Fontanes; Moniteur du 26 nivose an XIII, pag. 425, col. 1.

Le peuple français a manifesté sa volonté libre et indépendante ; il a voulu l'hérédité de la dignité impériale dans la descendance de Napoléon Buonaparte. Dès ce moment, Napoléon a été, au plus juste des titres, Empereur des Français, nul autre n'était nécessaire pour constater ses droits et consacrer son autorité (5).

Sans doute le peuple a le droit de se choisir des chefs; sans doute il a celui de repousser tout gouvernement qui viole le pacte social; mais en exerçant cette souveraine faculté, il est loin sans doute de se livrer comme un patrimoine; cette démarche serait indigne de lui et du chef qu'il se serait donné..... L'esprit de civilisation qui a maintenant pénétré dans toutes les classes fait que ni le despotisme, ni l'anarchie ne peuvent plus dominer long-temps sur les nations; car l'un et l'autre causent également la ruine des empires : ainsi nulle crainte sur la rénovation des priviléges, que l'on suppose devoir étayer le pouvoir absolu ; et si le problème pouvait être douteux, le peuple français ne l'aurait-il pas résolu ? éclairé autant que brave, il a su renverser l'un et se

---

(5) M. Champaguy; Moniteur du 11 nivose an XIII, pag. 368, colonne 1.

soustraire aux désordres de l'autre; il ne peut donc plus être en proie aux illusions: l'expérience du passé, la jouissance du temps meilleur que le génie de Buonaparte a fait naître, lui ont appris à chérir uniquement la véritable liberté (6).

Et *comment le peuple français n'aurait-il pas mis à sa tête une famille où se réunissent à-la-fois l'art de vaincre et l'art de gouverner, le talent des négociations et celui de l'éloquence, l'éclat de l'héroïsme, les grâces de l'esprit et le charme de la bonté* (7) ?

Oui, *c'est véritablement le trône de Charlemagne qui se relève après dix siècles, si vous considérez, et la destinée sans modèle de celui qui en prend possession, et ces légions victorieuses qui lui devaient leurs armes et lui soumettent leur gloire, et le pontife des pontifes qui a franchi les hautes barrières de deux illustres contrées, pour*

---

(6) M. Challan; *Discours prononcé* (au Tribunat) *sur la motion relative au gouvernement héréditaire;* Paris, de l'Imprimerie nationale, floréal an XII, in-8°, pag. 2, 3 et 4.

(7) M. Fontanes, *Discours* à Joseph Buonaparte ; Moniteur du 29 thermidor an XII, pag. 1453, col. 1.

venir encore une fois marquer d'un plus auguste caractère une haute fondation (8).

Quelle harmonie se fait entendre, d'où viennent ces concerts de louanges? On ne peut s'y méprendre, ces voix partent du ciel : écoutons.

Comme le Dieu des chrétiens est le seul Dieu digne d'être adoré et obéi, vous êtes le seul homme digne de commander aux Français (9).... *Qu'il vive, qu'il commande à la victoire et à la paix, le nouvel Auguste, cet Empereur si grand, indépendamment de toutes ses dignités, et qui reçoit des mains de Dieu la couronne :* Augusto à Deo coronato, magno et pacifico Imperatori vita et victoria (10).... *La haute dignité impériale dont vient d'être revêtue V.M. n'ajoutera rien aux devoirs sacrés de l'épiscopat, ni au zèle qui l'anime toujours pour le chef suprême de l'Etat* (11)... *Que la terre se taise en ce moment*

---

(8) M. Lacretelle aîné; Moniteur du 8 flor. an XIII, pag. 915, col. 3.

(9) Buronzo del Signore, archevêque de Turin; Moniteur du 28 prairial an XII, pag. 1226, col. 1.

(10) M. Jacoupy, évêque d'Agen; Monit. du 8 messidor an XII, page 1263, col. 3.

(11) M. Chabot, évêque de Mende; Moniteur du 22 prairial an XII, pag. 1206, col. 1.

imposant, qu'elle écoute en silence et avec respect la voix de Napoléon (12)...; c'est un nouveau Cyrus que Dieu a choisi pour l'accomplissement de ses desseins impénétrables sur les Nations. Dieu a choisi dans sa sainte miséricorde Napoléon; il en est l'oint, son représentant sur la terre; quelles grâces ne lui devons-nous pas de cet insigne bienfait (13)! Si les prêtres du Dieu vivant offrent la victime sainte dans cette basilique, n'est-ce pas ce héros qui nous en a ouvert l'entrée ?..... Aujourd'hui la Religion se montre à nous avec toute la pompe de ses cérémonies, glorieuse des enfans qui reviennent à son amour, des saints établissemens qui se forment sous ses auspices, et des hommages que lui rend, à la face de l'univers, le Monarque RELIGIEUX à qui nous devons un si heureux changement (14). N'est-ce pas lui qui, portant déjà dans son

---

(12) M. Colmar, évêque de Mayence; Moniteur du 8 nivose an XIV, pag. 376, col. 1.

(13) M. Zoepffel, évêque de Liége; Moniteur du 13 vendémiaire an XIV, pag. 47, col. 2.

(14) M. l'abbé Dastros; *Discours sur le rétablissement de la religion en France, prononcé dans la basilique de Notre-Dame, le 15 août 1807.* Paris, Leclere, 1807, in-8º, pag. 1 et 3.

cœur cette immense famille des Français dont le Ciel le destinait à devenir le père, trop juste pour ne pas apprécier les effets des discordes civiles, trop fort pour en craindre le retour, trop grand pour s'apercevoir ou se ressouvenir des injures, a rouvert cette France vers laquelle se tournaient leurs yeux chargés de regrets et de larmes, à tous ceux qui ont voulu y rapporter un cœur vraiment français, à ceux qui pleuraient avec moi sur les fleuves de Babylone au souvenir de Sion* (15)!

Avant que l'étoile de notre salut nous vînt de l'Orient, *notre France muette ne portait plus aux autels de Marie le tribut accoutumé de ses louanges. Chrétiens! Français! apprenez quelles ont été les vengeances de votre mère, quelles ont été les représailles de Marie. Si nous avons pu oublier l'alliance sacrée qui nous fit ses sujets, elle n'oubliera pas la portion chérie de l'héritage qui lui fut donné. Telle qu'une puissante reine se plaît à signaler par de plus somptueuses

---

(15) M. de Pradt; *Discours prononcé par M. l'Archevêque de Malines dans l'église métropolitaine de Paris, le 1er décembre* (1811), *pour l'anniversaire du couronnement de S. M. I. et R.* De l'Imprimerie impériale, décembre 1811, in-8°, pag. 4.

largesses le jour solennel de son couronnement ; telle la souveraine des cieux va marquer par le plus magnifique présent l'anniversaire du jour qui vit sa glorieuse entrée dans ses domaines. Vierge sainte ! protectrice généreuse, ce n'était point, dirai-je, sans un conseil particulier de la divine Providence ; ou plutôt, non, ce ne fut pas sans un témoignage spécial de votre influence toute puissante auprès de votre fils qu'à la première de vos solennités (le jour de l'Assomption, 15 août) *devait être attachée la naissance du grand Napoléon. Vous avez demandé à Dieu grâce pour cet Empire, et Dieu a voulu que votre glorieux sépulcre enfantât pour la France le héros destiné à la régénérer* (16). Voilà pourquoi aussi l'époque de la naissance du grand Napoléon, le 15 août 1769, concourt avec l'apparition d'une des plus grandes comètes qu'on ait jamais observées (17). Quel est le Français qui

---

(16) M. Marie-Nicolas-Sylvestre Guillon, chanoine honoraire de Notre-Dame à Paris; *Discours pour la fête de l'Assomption de la sainte Vierge et de la naissance de S. M. l'Empereur et Roi des Français ;* 1806, in-8°, pag. 5 et 6.

(17) M. Messier, *Grande comète qui a paru à la*

voudrait se désoler aujourd'hui au milieu de la joie religieuse qui éclate dans toute la France? C'est le jour où Marie, protectrice de cet empire, a fait son entrée glorieuse dans le ciel; c'est le jour où nos pères, à l'exemple de leur souverain, renouvelaient chaque année leur consécration à Marie, et sollicitaient sa protection auprès de son divin fils; c'est encore le jour où Marie nous a fait sentir cette protection et où l'acte immortel, par lequel la France a été réconciliée avec le Ciel, a reçu sa sanction du vicaire de J.-C. : enfin c'est le jour qui a mis au monde le héros suscité de Dieu pour ce grand ouvrage : aussi notre religieux Empereur a-t-il voulu que la fête du triomphe de Marie fût aussi la fête du rétablissement de la religion, et que la mémoire de saint Napoléon, réunie à ces deux grands objets, devînt un monument éternel de sa reconnaissance particulière (18).

Je sens mieux que personne que l'on ne peut plus louer dignement S. M., sa gloire

---

naissance de *Napoléon-le-Grand*, *découverte et observée pendant quatre mois par M. Messier*. Paris, Delance (1808), in-4°, pag. 5.

(18) M. l'abbé Dastros, pag. 25 et 26 du *Discours* cité dans la note 14.

est trop haute; il faudrait être placé à la distance de la postérité pour découvrir son immense élévation (19).

Le seul éloge possible, le seul digne de S. M., c'est l'histoire la plus simple de son règne; c'est le récit le plus nu de ce qu'Elle a voulu et de ce qu'Elle a exécuté, des causes, des moyens et des effets, des intentions et des résultats (20). *Napoléon est au-delà de l'histoire humaine; il appartient aux temps héroïques; il est au-dessus de l'admiration; il n'y a que l'amour qui puisse s'élever jusqu'à lui* (21).

Quel cœur pourrait rester froid devant l'attendrissant spectacle que présente une grande nation qui vient remercier le Ciel de lui avoir accordé un souverain qui, suivant l'expression d'un auteur célèbre, est à la tête de ses armées plus qu'un général, dans les combats plus qu'un soldat, sur le trône plus qu'un empereur, dans l'administration plus qu'un magistrat, sur le

---

(19) M. Lacépède; Monit. du 29 juil. 1807, p. 816, col. 2.

(20) M. Muraire; Monit. du 29 juil. 1807, pag. 816, col. 3.

(21) M. Séguier; Monit. du 29 juillet 1807, p. 817, col. 1.

tribunal plus qu'un juge (22)! Gloire donc et actions de grâces au héros réparateur qui, au milieu des plus hauts faits dont l'Histoire fasse mention, n'a pas dédaigné de porter un regard favorable sur de pieux asiles, et vient leur donner un nouveau gage de leur durée, comme un garant de plus de leur prospérité; génie unique qui suffit à tout et auquel rien ne semble suffire; qui ne laisse rien échapper à sa vigilance ainsi qu'à sa valeur; qui ne trouve rien au-dessous de sa sollicitude, ainsi que rien n'est au-dessus de sa puissance; qui ne s'occupe pas moins des sœurs de charité que de ses capitaines; qui élève à-la-fois des hospices et des arcs de triomphe, et qui, non moins habile dans la science des détails que dans ces vastes aperçus qui embrassent l'ensemble, tient jusqu'au dernier fil de l'administration, et trace un décret sur les hospitalières de cette même main qui balance le sort des Rois et signe le destin du Monde (23). *Venez*,

---

(22) M. de Pradt; *Discours prononcé par M. l'Archevêque de Malines dans l'église métropolitaine de Paris, le 1er décembre* (1811), *pour l'anniversaire du couronnement de S. M. I. et R*. De l'Imprimerie impériale, décembre 1811, in-8°, pag. 2 et 3.

(23) M. l'abbé Boulogne : *Discours d'ouverture pour*

et voyez les évêques, les pasteurs et les prêtres jouir de la considération qui convient nécessairement à leur état, et qui ne manquera pas d'être accompagnée d'un traitement proportionné à leurs besoins (24)..... *Ah! périssent les monumens élevés par l'orgueil et la flatterie! mais que la reconnaissance honore toujours ceux qui sont le prix de l'héroïsme et des bienfaits* (25)!

Le voilà *le héros que Dieu s'est complu à douer de toutes les grandes qualités* (26); le voilà cet *Empereur que l'invisible Providence a désigné pour Providence visible à toute la*

---

le chapitre général des sœurs de la Charité, etc., tenu le 27 novembre 1807. Paris, Adrien Leclere, 1808, in-8, pag. 4 et 5.

(24) M. Dominique Lacombe, évêque d'Angoulême : *Mandement qui ordonne qu'il sera fait des prières publiques pour la grossesse de madame Marie-Louise, archiduchesse*, etc. Angoulême, Pierre Broquisse, 1810, in-4., pag. 4 et 5.

(25) M. Fontanes ; *Discours pour l'inauguration de la statue de Buonaparte*; Moniteur du 26 niv. an XIII, pag. 424.

(26) M. Monge, comte de Peluse; Moniteur du 6 février 1807, pag. 143, col. 1.

Nation (27); le voilà ce grand homme qui mérita la reconnaissance de tous les rois; car, en rétablissant le trône de la France, il a fermé le foyer de ce volcan qui les menaçait tous (28). *La terre s'est tue devant Alexandre, qui voulait l'asservir; devant Napoléon, la terre, les mers qu'il veut franchir, l'univers qu'il remplit de son nom, parlent hautement de la grandeur de son âme, de la gloire de ses armes, des merveilles de son règne, de la reconnaissance des peuples, comme pour servir de témoins authentiques à l'Histoire, afin que la postérité surprise n'en accuse pas la véracité* (29). Cœli enarrant gloriam Dei.

Reprenons : la grandeur de son âme ! Il fut *assez grand, assez fort pour qu'on ne puisse*

---

(27) M. Jalabert, vicaire général : *Procès-verbal du service solennel célébré à N.-D., en mémoire des braves morts à la bataille d'Austerlitz, et Discours prononcé à cette occasion* (par M. Jalabert). Paris, Ad. Leclere, 1806, in-8, pag. 11.

(28) M. Fontanes; Moniteur du 28 décembre 1813, pag. 1448, col. 1.

(29) M. Ang. Jubé, baron de la Perelle; Monit. du 6 vendémiaire an XIV, pag. 24, col. 2.

ni calomnier ses motifs, ni s'y méprendre (30).

La gloire de ses armes ! *Quels monumens, quels triomphes manquent à sa gloire ? Il a couvert le monde de ses trophées ; dans les régions les plus reculées son image vénérée ornera les palais des Rois, embellira la retraite du sage, et, ce qui est bien plus encore, sera consacrée sous le chaume du pauvre* (31).

Les merveilles de son règne ! *Il ne fut donné qu'à lui de renouveler toujours l'admiration qui semblait être épuisée* (32).

La reconnaissance des peuples ! *Qui a douté que si l'empereur Napoléon n'avait surpassé en modération les plus illustres conquérans, il n'eût pu introduire les plus grands changemens en Europe* (33) ?

Les Romains souhaitaient à chaque nou-

---

(30) M. Pictet; Moniteur du 20 pluv. an XII, p. 522, col. 1.

(31) M. Lacépède; Moniteur du 4 janvier 1806, p. 17, col. 2.

(32) M. Fontanes; Moniteur du 6 mars 1806, p. 259, col. 2.

(33) M. Jaubert (de la Gironde); Moniteur du 6 vendémiaire an XIV, pag. 23, col. 1.

vel empereur d'être plus fortuné qu'Auguste, plus vertueux que Trajan. Nous n'avons pas besoin de chercher dans l'Histoire des rapprochemens dont aucun ne saurait flatter mon héros. Nulle autre époque ne ressemble à l'époque de Buonaparte (34)..... *Qui a jamais fermé tant de plaies, séché tant de larmes, terminé tant de calamités et fait tant d'heureux* (35)?..... *Le peuple français, de tout temps renommé pour sa franchise et pour sa loyauté, se félicite surtout d'avoir élevé un prince dont les paroles, les pensées, les actions, toujours en harmonie, rendent un constant et glorieux témoignage à cette vertueuse maxime d'un de ses prédécesseurs, qui disait que si la bonne foi était bannie du reste de la terre, elle devrait se retrouver encore dans la bouche et dans le cœur des Rois* (36).

Combien n'est-il pas digne de nos regrets

---

(34) M. François de Neufchâteau; Moniteur du 8 prairial an XII, pag. 1122, col. 2.

(35) M. Pancemont, évêque de Vannes; Monit. du 11 messidor an XII, pag. 1274, col. 2.

(36) M. Carrion-Nisas; Monit. du 22 pluv. an XIII, pag. 529, col. 2.

ce prince ami du peuple, qui savait toujours *arrêter l'élan de sa grande âme lorsqu'il s'agissait d'épargner le sang des hommes* (37)! *On a vu des héros sensibles gémir sur leurs propres trophées; mais tout en pleurant leurs succès, ils n'en continuaient pas moins leur sanglante carrière.* Napoléon *est le premier qu'une pitié profonde pour les malheurs publics ait engagé à s'arrêter sur le chemin de la victoire* (38); *il a droit à des autels, à des temples. Qu'un grand édifice, que tous les arts concourront à embellir, soit spécialement destiné à perpétuer le souvenir des événemens mémorables du siècle de Napoléon-le-Grand* (39). *Mais où m'égare la douleur? Edifier un temple, un monument à un autre qu'à Dieu! l'en exclure, ou même ne pas l'appeler expressément en partage de notre encens, c'est du paganisme, c'est de l'idolâtrie. Une basilique superbe s'élève et domine Paris; elle semble appeler le Français*

---

(37) M. Jaubert (de la Gironde); Monit. du 6 vendémiaire an xiv, pag. 23, col. 3.

(38) M. François de Neufchâteau; Moniteur du 19 pluviose an xiii, pag. 516, col. 1.

(39) M. Jaubert; Mon. du 2 janv. 1806, p. 7, col. 2.

et l'étranger à ses solennités. La douce Geneviève, antique patrone de la bonne ville, PARTAGEANT SES TABERNACLES AVEC NAPOLÉON, si heureusement adopté dans le Ciel et sur la terre, du haut de son dôme sacré remplacerait heureusement pour l'Europe chrétienne le Jupiter qui tonnait du haut du Capitole sur le monde romain (40). Vous paraissez étonnés ! Vous vous taisez ! . . . . . .

. . . Ah ! je le vois, *le peuple français prouve que sous le règne de Napoléon il n'a plus qu'un même esprit, qu'un même cœur, et qu'il est devenu comme un seul homme* (41) .... *la gloire de l'Empereur est la gloire nationale; les haines contre l'Empereur sont des haines contre la Nation* (42). Nous devons tout à l'auguste souverain qui nous a tout donné; à ce héros qui, dans quelques années, a su avancer la civilisation de plus de trois siècles; qui a fait de si grandes choses pour la plus parfaite administration de la justice, pour

---

(40) M. Carrion-Nisas; Mon. du 2 janv. 1806, p. 9, col. 2.

(41) M. Portalis, ministre des cultes; Moniteur du 5 vendémiaire an XIV, pag. 19, col. 3.

(42) M. Daru; Monit. du 5 vendém. an XIV, p. 8, col. 3.

asseoir l'ordre et le repos public sur des bases inébranlables, pour élever l'instruction publique au plus haut degré de perfection, pour accélérer les progrès des lumières et de cette sublime morale, sans laquelle il n'existerait aucun bien (43). Par quelle fatalité quelques hommes qui ont exprimé avec tant de feu leur amour pour la patrie, quand la patrie n'avait plus d'entrailles, de puissance, ni d'attraits, seraient-ils donc devenus insensibles à l'époque où le trône, la gloire, les rangs offrent l'aspect le plus majestueux, la garantie la plus stable, et réalisent toutes les espérances; à l'époque où l'empire compte des admirateurs dans ses ennemis comme dans ses alliés, par quelle fatalité ces hommes qui disaient aimer leur pays dans sa décadence, ne l'aimeraient-ils plus dans sa splendeur (44)? Quel est donc ce génie qui plane sur la France, et qui sait descendre de la hauteur immense

―――――

(43) M. Dandenac, procureur général à la Cour impériale d'Angers; Moniteur du 11 février 1814, p. 165, col. 1.

(44) M. Courtin, procureur impérial : *Discours prononcé à la rentrée du Tribunal de première instance de Paris, le mardi 3 novembre 1812.* Paris, Néve, 1812, in-8, pag. 13.

des plus vastes conceptions jusqu'aux détails les plus compliqués, et, j'ose dire, les plus ingrats de cette administration étonnante qui nous environne de prodiges? Le hameau, l'hospice, la chaumière intéressent l'attention de son esprit et les affections de son cœur, comme la paix du Monde et les destinées des Empires. Semblable à l'astre du jour, qui anime toute la nature, il porte partout son influence bienfaisante. Il est donc permis à l'homme de se rapprocher de la Providence. Cette réflexion nous donne peut-être la mesure de notre bonheur, de notre admiration et de notre reconnaissance (45)..... Un jour on dira, et ce sera le plus beau trait d'une histoire si merveilleuse, on dira que la destinée du pauvre occupait celui qui fait la destinée de tant de Rois, et comment, de la demeure où vous êtes aujourd'hui, homme sublime, n'accueilleriez-vous pas ce langage aussi éloigné de la servitude qu'il le fut de l'anarchie (46)... L'Université se félicite de porter du pied

---

(45) M. Ségur; Mon. du 30 août 1807, p. 943. col. 2.
(46) M. Fontanes; Moniteur du 24 août 1807, p. 915, col. 3, et p. 916, col. 1.

du trône les hommages et les voix d'une génération entière, qu'elle instruit dans ses écoles à VOUS SERVIR et à VOUS AIMER (47) (A).

Tout ce que nos anciens Monarques ont obtenu de reconnaissance et d'amour, nous vous le reportons, Sire, du fond de nos cœurs (48) (B). La reconnaissance des Français n'oubliera jamais que c'est au sein de la gloire militaire la plus enivrante que S. M. concevait en même temps des lois, projetait des institutions pour le grand et bon peuple, fier aussi d'avoir un Monarque si grand pour l'univers et si bon pour ses sujets, qu'ils ne peuvent plus le louer que par leur amour, et le récompenser que par leur bonheur (49)... Il use du suprême pouvoir avec tant de sagesse (50) ! L'honneur français, dirigé par un

---

(47) M. Fontanes, *Discours à S. M. Napoléon*; Moniteur du 26 décembre 1812, pag. 1432, col. 2.

(A) *Voyez* les VARIANTES, à la fin.

(48) M. Séguier, *Discours à S. M. Napoléon*; Moniteur du 29 janvier 1806, pag. 119, col. 1.

(B) *Voyez* les VARIANTES, à la fin.

(49) M. Régnault de Saint-Jean-d'Angély; Moniteur du 2 septembre 1807, pag. 953, col. 3.

(50) M. L'Écuy, ancien abbé général de Prémontré. *Discours pour l'anniversaire du couronnement et de la*

grand homme, est un assez puissant ressort pour changer la face de l'univers (51). *Le grand homme n'est pas moins admirable dans ce qu'il cache que dans ce qu'il laisse voir, et dans ce qu'il médite que dans ce qu'il exécute* (52). *Grâce à son génie, l'Europe entière ne formera bientôt qu'une immense famille, unie par la même religion, le même code de lois et les mêmes mesures; et la postérité, qui jouira pleinement de ces avantages, ne prononcera qu'avec admiration le nom du héros son bienfaiteur* (53). *Le siècle des Césars a commencé pour la France* (54). *Quel nom militaire, quel talent politique,*

---

bataille *d'Austerlitz*, prononcé dans *l'Église métropolitaine de Paris, le* 6 *décembre* 1812. Paris, Desray, 1813, *in*-8, pag. 4.

(51) M. Fontanes; Mon. du 23 janvier 1810, p. 87, col. 1.

(52) M. Fontanes; Monit. du 18 mai 1807, p. 543, col. 2.

(53) M. La Place, *Exposition du Système du Monde*, 4e édit., 1813, tom. 1, pag. 142 et 143; phrase réimprimée dans *l'Annuaire du Bureau des Longitudes pour* 1814. Paris, Ve Courcier, pag. 58.

(54) M. Nougarède, baron de Fayet; Moniteur du 17 janvier 1810, pag. 64, col. 3.

quelle gloire ancienne et moderne ne s'abaisse désormais devant celui qui des mers de Naples jusqu'aux bords de la Vistule tient en repos tant de peuples soumis; qui campe dans un village sarmate, y reçoit comme à sa cour les ambassadeurs d'Ispahan et de Constantinople, étonnés de se trouver ensemble; qui réunit dans le même intérêt les sectateurs d'Omar et d'Ali; qui joint d'un lien commun et l'Espagnol et le Batave, et le Bavarois et le Saxon; qui, pour de plus vastes desseins encore, fait concourir les mouvemens de l'Asie avec ceux de l'Europe, et qui montre une seconde fois, comme sous l'Empire romain, le génie guerrier s'armant de toutes les forces de la civilisation, s'avançant contre les barbares, et les forçant de reculer vers les bornes du monde (55)! Il est donc vrai que la gloire de notre Empereur, pour être montée à son comble, n'était pas encore à son terme. Nous avions cru que nos chants de triomphe, ainsi que toutes nos louanges, devaient être épuisés dans les dernières batailles d'Austerlitz, d'Iéna, d'Eylau, de Friedland, et de tant d'autres faits

---

(55) M. Fontanes; Moniteur du 18 mai 1807, p. 543, col. 2.

de guerre auprès desquels pâlit tout l'éclat des anciens conquérans; et voici qu'aujourd'hui de nouveaux exploits, ou plutôt de nouveaux prodiges, viennent encore augmenter notre admiration, ainsi que notre reconnaissance.

Les journées de Tann, d'Eckmühl et de Ratisbonne ont effacé, s'il est pssoible, toutes celles qui nous ont étonnés jusqu'ici; et combien nous semblent-elles plus dignes de fixer nos regards, quand nous pensons que des batailles si importantes dans leur objet, et si décisives dans leurs conséquences, n'ont guère coûté plus de temps au vainqueur pour les gagner, qu'il ne nous en faut pour les raconter et pour les décrire !

Depuis le traité de Presbourg, l'Autriche humiliée n'a cessé d'épier le moment favorable de s'en affranchir, et de ressaisir ce sceptre d'Allemagne qu'ont arraché de ses mains la loi de la nécessité et le droit de la victoire. Cédant enfin aux insinuations d'une puissance qui ne peut plus trouver son salut que dans la guerre et la discorde, elle a imaginé de fausses craintes, et inspiré d'artificieuses défiances; elle a armé toutes les haines et toutes les passions avant d'armer tous les bras, et oubliant la générosité de notre Empereur qui lui a permis de régner, elle a rompu, sans ombre de prétexte, les traités les plus solennels, et violé, sans manifeste, les territoires alliés de la France......

N'en doutez pas, celui qui a l'âme si élevée et si active ne s'endormira pas dans la gloire, comme ces Rois des nations dont parle Isaïe; il se montrera digne de plus en plus des hautes destinées auxquelles le Ciel l'a réservé; il sanctifiera la guerre, suivant l'expression d'un autre prophète, en travaillant à fermer toutes les plaies qu'elle a ouvertes, à extirper tous les désordres qu'elle a fait naître, et à sécher toutes les larmes qu'elle a fait couler (56) ».

Les fastes de l'Histoire ne nous offrent qu'environ cinquante-trois batailles vraiment décisives, ou du moins très-mémorables, dans l'espace de près de deux mille cinq cents ans: c'est environ deux grandes batailles par siècle, remportées par trente-quatre souverains ou grands capitaines; Napoléon seul, en suivant ce cal-

---

(56) M. de Boulogne. *Mandement de monseigneur l'évêque de Troyes* (du 12 mai 1809), par lequel il ordonne qu'il sera chanté un Te Deum dans toutes les églises de son diocèse en action de grâces des victoires de Tann, d'Eckmühl et de Ratisbonne. Troyes, veuve André et fils aîné, in-4°, pag. 1, 2 et 3.

cul, nous montre, par neuf victoires décisives, les plus glorieux exploits d'environ cinq siècles, renouvelés sous nos yeux et réunis dans le faible espace de quatorze ans. Quatre batailles ont fait la renommée d'Alexandre. La gloire d'Annibal est établie sur le même nombre. César n'en compte que trois ; et déjà, sans prévoir l'avenir, neuf triomphes d'une importance et d'un effet incalculables attestent la prééminence du héros de notre âge, et livrent le monde à la puissance de son génie (57).

Quelle louange donner à un tel Monarque, lorsque le récit simple des faits est au-dessus de tout éloge, lorsque sa rapidité est telle, que la Renommée a peine à le suivre ? S'il était possible que la main du temps qui détruit tout fît disparaître tous les glorieux monumens qui rappelleront les événemens de son règne, et que les dates seules de ses décrets et de ses lettres fussent sauvées de cette destruction, ces dates seules de ses champs de bataille en Italie, en Syrie, en Egypte ; ces dates de Vienne, de

---

(57) *Essai d'instruction morale*, ou *les Devoirs envers Dieu, le Prince et la Patrie, la Société et soi-même*, à l'usage des jeunes gens élevés dans une monarchie, et plus particulièrement des jeunes Français ; seconde édition, 1813, in-12, tome II, pag. 552 et 553.

Munich, de Dresde, de Berlin, de Varsovie, de Tilsit, de Madrid, seraient des époques historiques et incontestables du règne le plus héroïque (58); *aussi l'entreprise imposante qu'avait conçue M. Esmenard ne sera point abandonnée; d'autres poëtes viendront observer après lui ce long sillon de gloire qu'un héros a tracé depuis Montenotte jusqu'à Léoben; ils chanteront les campagnes d'Italie, qui furent le premier gage de notre salut et le commencement de nos grandes destinées; d'autres chercheront à retracer les exploits dont les bords du Nil, du Jourdain, de l'Elbe, de l'Oder, du Danube et de la Vistule, montrent d'éclatans témoignages. Une moisson non moins riche attend ceux qui exposeront les travaux bienfaisans, les lois, les institutions, les ouvrages immortels de Napoléon-le-Grand. Les gens de lettres reçoivent autant d'inspirations que de bienfaits* (C) *sous le règne d'un Monarque qui a créé plus de monumens* (D) *qu'Auguste, dans le temps où il remportait*

---

(58) M. Ségur; Monit. du 1ᵉʳ janv. 1809, pag. 2, col. 3, et pag. 3, col. 1.

(C) *Voyez* les VARIANTES, à la fin.

(D) *Idem.*

plus de victoires que Jules César (59) (E). *De tous les établissemens, de tous les travaux ordonnés par Alexandre, l'histoire des animaux d'Aristote est le seul qui subsiste comme un témoignage éternel de l'amour de ce grand prince pour les sciences naturelles.* Un mot de Napoléon *peut créer un ouvrage qui surpassera autant celui d'Aristote que les actions de* Buonaparte *surpassent en éclat ceux du conquérant macédonien* (60). *Napoléon sera toujours l'ami le plus fidèle de la raison publique. Quel sujet d'espérance et d'émulation pour tous les bons esprits! Quel bonheur pour notre patrie* (61)! *Nous ne séparerons pas l'humble offrande de notre amour pour cette personne sacrée d'avec le tribut de notre profond respect et de notre inébranlable fidélité* (62). *Grâces à la Providence, à la sagesse et à l'énergie de quelques hommes véritablement pénétrés de*

---

(59) M. Lacretelle jeune; Moniteur du 9 novembre 1811, pag. 1192, col. 3, et pag. 1193, col. 1.

(E) *Voyez* les VARIANTES, à la fin.

(60) M. Cuvier . . . .

(61) M. François de Neufchâteau; Moniteur du 25 nivose an XIII, pag. 419, col. 3.

(62) M. Germain Garnier, sénateur; Moniteur du 23 mars 1811, pag. 316, col. 2.

leurs devoirs, des trames criminelles et insensées ont été rompues dans l'instant même où elles avaient été formées! Mais quelques dangers qui eussent pu en résulter, la Magistrature serait restée fidèle à la quatrième *dynastie* (63). *Dans quelque position que se trouvent placés les membres de la Cour de Justice criminelle, on peut compter sur leur fidélité, sur leur inaltérable attachement et sur leur constante fermeté dans les fonctions qui leur seront déléguées* (64). Éblouis *par l'éclat de sa gloire et de sa puissance, pourrions-nous ne pas adorer l'infinie bonté qui le tempère* (65). *Malheur au Souverain qui n'est grand qu'à la tête de ses armées! Heureux celui qui sait gouverner comme il sait vaincre! Un seul a rempli ces deux grandes destinées; il a soumis de puissans Etats; il a traversé l'Europe en vainqueur, sous des arcs de triom-*

---

(63) M. Jard Panvilliers; Moniteur du 26 décembre 1812, pag. 1432, col. 2.

(64) M. Hémart, président de la Cour de Justice criminelle; Moniteur du 26 janvier 1809, pag. 100, col. 5.

(65) M. Legoux; Discours pour l'entérinement des lettres de grâce accordées à M. le marquis de Saint-Simon; Moniteur du premier avril 1809, pag. 561, col. 1.

phe élevés à sa gloire, des bornes de l'Italie jusqu'aux extrémités de la Pologne. C'était assez pour le premier des héros, ce n'était pas assez pour le premier des Rois. Dans les champs de Marengo et d'Iéna ce génie infatigable méditait le bonheur des peuples (66). Quel bonheur est réservé et promis à tous les citoyens de toutes les classes de la société! *Parvenus à l'âge où l'ardeur est réunie à la force, ils trouveront dans les exercices militaires des jeux salutaires et des délassemens agréables* (67). Quel dieu nous a fait ces loisirs? C'est cet homme extraordinaire qui a renouvelé son siècle et rajeuni la France (68). La même prévoyance qui a fait attacher l'Italie et l'Allemagne à la France a suscité la réunion des Espagnes; la même force qui a tout soumis loin du Rhin et des Alpes dompte tout au-delà des Pyrénées, et la même magnanimité qui a conservé Berlin et Vienne sauve et relève Madrid (69). Périsse à

---

(66) M. Fontanes; Moniteur du 4 novembre 1808, pag. 1218, col. 1.

(67) M. Lacépède; Moniteur du 16 mars 1812, p. 298, col. 3.

(68) M. François de Neufchâteau; Mon. du 24 prairial an XIII, page 1100.

(69) M. Séguier; Moniteur du 26 janv. 1809, p. 100, col. 2.

jamais le langage de l'adulation et de la flatterie! Je ne commencerai point à m'en servir dans les paroles que je prononce à cette tribune dont je vais descendre. On ne doit porter au pied du trône que la voix de l'opinion publique. C'est avec elle seule que je louerai le prince. J'exprimerai franchement l'admiration qu'il m'inspire. Si nos derniers descendans veulent savoir quel est celui qui seul depuis l'Empire romain réunit l'Italie dans un seul corps, l'Histoire leur dira : C'est Napoléon. S'ils demandent quel est celui qui, vers la même époque, dissipa les hordes arabes et musulmanes au pied des pyramides et sur les bords du Jourdain, l'Histoire leur dira : C'est Napoléon. Mais d'autres surprises les attendent. Ils apprendront qu'un homme, en quelque sorte désigné d'en haut, partit du fond de l'Egypte au moment où toutes les voix de la France l'appelaient à leur secours, et qu'il y vint rétablir les lois, la religion et l'ordre social menacés d'une ruine prochaine : cet homme encore c'est Napoléon. Ils verront dans dix années trente Etats changer de forme, des trônes fondés, des trônes détruits; Vienne deux fois conquise, et les successeurs du grand Frédéric perdant la moitié de leur héritage. Ils croiront d'abord que tant de révolutions et de

*victoires sont l'ouvrage de plusieurs conqué-
rans: l'Histoire, appuyée sur le témoignage
unanime des contemporains, dissipera toutes les
méprises; elle montrera toujours le même Napoléon fondant de l'Autriche sur la Prusse;
poussant sa marche victorieuse jusqu'aux dernières limites de la Pologne, s'élançant tout-à-
coup du fond de la Sarmatie vers ces monts
qui séparent la France des Espagnes, et triom-
phant près de ces régions où l'antiquité plaçait
les bornes du monde; et cependant les prodiges ne seront pas épuisés! il faudra retracer
encore les bienfaits d'un Code immortel; il
faudra peindre tous les arts rappelant à Paris
la magnificence de Rome antique; car il est
juste que la ville où réside un si grand homme
devienne aussi la ville éternelle: j'interroge
maintenant tous ceux qui m'écoutent. En est-
il un seul qui désavoue le moindre trait de ce
tableau? Heureux les princes qu'on peut louer
dignement avec la vérité! Heureux l'orateur
qui ne donne aux Rois que des éloges justifiés
par leurs actions* (70) ! *Le Monarque qui excite
le plus l'admiration et l'enthousiasme est aussi
celui qui est digne de plus d'amour. Il nous l'a*

───────────

(70) M. Fontanes; Moniteur du 23 janvier 1810,
p. 87, col. 1 et 2.

dit : *il place dans celui qu'il inspire toutes les espérances de bonheur. Français, il a donc pu se tromper une fois, lorsqu'il a ajouté que d'autres Princes avaient été plus heureux que lui* (71).

Quand le Prince, et un Prince comme le nôtre, gouverne par lui-même, lorsque le génie qui d'un signe peut ébranler la terre, sait tout aussi aisément descendre jusqu'aux moindres détails de l'administration, il n'est pas aisé de faire la part des agens secondaires (72). Cependant *l'administration a eu beaucoup à se louer du patriotisme du Clergé* (73). *Depuis plus de quatorze cents ans la France n'a jamais eu de Monarque qui n'ait été enfant de l'Eglise catholique. Le Trône français est sans tache, et toujours uni au saint Siége. Il semble à cet égard avoir participé à la fermeté de la pierre. Cette remarque que Bossuet se complaisait à faire sous le règne de Louis XIV est bien plus frappante et bien plus précieuse au-*

---

(71) M. Montalivet; Moniteur du 15 décembre 1809, pag. 1580, col. 2.

(72) M. Cuvier; Moniteur du 5 février 1811, pag. 140, col. 1.

(73) M. Champagny; Moniteur du 6 mars 1806, p. 256, col. 2.

jourd'hui (74). *Nos maux étaient extrêmes; il fallait que le remède le fût. Dieu fait paraître un de ces hommes extraordinaires qu'il ne donne au monde que lorsqu'il a résolu de le renouveler et d'en changer la face ; il le prépare de loin à notre insçu, quoiqu'au milieu de nous ; génie vaste sans bornes comme sans modèle, même dans ces brillantes époques de l'antiquité que la faiblesse de nos temps modernes semblait avoir désespéré d'atteindre. On dirait qu'il le forme comme à plaisir de tout ce qui a paru de grand avant lui sur la terre; il lui donne, et la sagesse pour entreprendre, et la force pour exécuter. Il lui révèle un nouvel art de la guerre, inconnu à tous les grands capitaines qui l'ont précédé, et que peut-être n'osera tenter d'imiter aucun de ceux qui doivent le suivre. Il lui confie le sort des peuples ; il l'élève au commandement des armées dans un âge où les lois d'aucune nation civilisée ne lui eussent laissé le soin de ses affaires domestiques. Vous savez par quels triomphes il le signale ! Il commande aux cent bouches de la Renommée de porter son nom jusqu'aux extrémités de la terre; puis, pour le maintenir*

---

(74) M. Jalabert, grand-vicaire; Moniteur du 11 mars 1806, pag. 280, col. 2.

sans reproche dans tout ce qu'il restait encore de crimes ou d'erreurs à commettre, il l'entraîne dans une terre écartée, et l'y tient comme en réserve, quoique toujours au milieu de la gloire et des périls, jusqu'à ce que les temps s'accomplissent. Il l'en ramène alors, mais seul et sans suite, pour qu'il soit plus manifeste que le Ciel est son appui. Il abaisse devant lui les ondes tumultueuses des mers, et force les vents séditieux de respecter la frêle nacelle qui le porte. Il écarte ces flottes menaçantes qui lui fermaient le passage; il le jette enfin comme un génie secourable sur cette terre désolée, et à peine a-t-elle reçu l'empreinte de ses pas, que tout y reconnaît sa puissance, et que toutes les bénédictions du Ciel y descendent (75). On doit reconnaître les dispositions de la volonté de Dieu dans les variations qu'éprouvent les Monarchies, et adorer les secrets desseins de sa sagesse à l'égard du gouvernement des peuples; parce que c'est lui qui distribue les couronnes, et qu'il les donne ou les ôte à son gré. Il avait fait sacrer Saül; il

---

(75) M. l'abbé Raillon; *Discours prononcé à N.-D. le 15 août 1809*, Paris, Nicolle, 1809. (Fragment cité dans le *Journal de Paris*, du 19 septembre 1809, pag. 1936 et 1937.)

le rejète et choisit David; il répudie la maison d'Achab, et dispose du trône de Joram en faveur de Jéhu. Dans le changement de dynasties le doigt de Dieu se montre d'une manière visible, et dès qu'il s'est montré, les peuples sont obligés d'obéir à ce signal. Telle est la religion que nous professons et que nous enseignons. Elle recommande l'obéissance aux lois, l'amour du Prince, et la soumission à ses ordres (76). *D'ailleurs peut-il y avoir une loi plus juste que celle de la conscription militaire* (77)? *Ah! tous ceux qui procurent une retraite à un déserteur ou à un conscrit réfractaire pèchent contre les principes religieux* (78).

On a dit depuis long-temps aux orateurs qu'il n'y avait rien de plus grand que ses actions simplement racontées. On doit ajouter qu'il n'y a rien de plus éloquent que ses paroles. C'est en les répétant avec fidélité qu'on

---

(76) M. L'Ecuy, ancien abbé général de Prémontré; *Discours*, etc. prononcé le 6 *décembre* 1812. *Paris*, Desray, 1813, *pag.* 11, 12 et 17.

(77) M. Chevigné-Boischollet, évêque de Séez; Moniteur du 13 vendémiaire an XIV, pag. 47, col. 2.

(78) M. Rousseau, évêque de Coutances; Moniteur du 27 vendémiaire an XIV, pag. 101, col. 1.

peut le montrer dans toute sa gloire. Combien nous étions émus en l'écoutant la dernière fois quand il désirait de vivre trente ans pour « servir trente ans ses sujets »! Jamais parole plus royale n'est sortie du cœur d'un grand Roi. Quel Français ne forme aujourd'hui le même vœu que le sien? Oui; qu'il vive trente ans, qu'il vive plus encore! une vie si précieuse ne peut trop se prolonger; et puisque tous les prodiges semblent réservés à lui seul, espérons qu'un règne si mémorable surpassera tous les autres par la durée, comme il les surpasse tous par la puissance et la grandeur (79). *Enfin les vœux de la Nation ont été exaucés; l'enfant de l'Etat, nous pouvons dire l'enfant de l'Europe, nous est né; et telle est la destinée de notre Empereur, que la Providence, après avoir tout fait pour sa gloire, veut encore tout faire pour son bonheur; et qu'après l'avoir rendu le plus grand des héros, elle veut encore en faire le plus heureux des époux et des pères. Fût-il jamais un événement plus digne d'intéresser tous les Français que la naissance de cet enfant sur lequel doit reposer le bonheur de vos enfans, qui vient fixer toutes les incerti-*

---

(79) M. Fontanes; Moniteur du 14 décembre 1809, p. 1580, col. 1 et 2.

tudes et ranimer toutes les espérances; qui nous fait oublier le passé et nous tranquillise pour l'avenir; qui devient un nouveau garant de nos fortunes, de nos propriétés, de la durée de ce trône qu'ont formé le génie autant que la valeur, et qui ne peut qu'affermir de plus en plus cette puissance qui fait la terreur, l'admiration et la jalousie de toutes les autres?. . . . . Puisse le souverain Maître des rois veiller d'une manière particulière sur la nouvelle dynastie qui se forme, sur la race Napoléonienne, rendre le trône sur lequel elle s'asseyera immuable comme le soleil, ainsi que parle le prophète, et la faire traverser d'âge en âge, toujours heureuse, et toujours triomphante, et toujours couronnée par la vertu et la victoire, et in perpetuum coronata triumphat (80)! Nous sommes prêts à tout sacrifier pour cette personne sacrée, pour la perpétuité de cette dynastie (81). Toute la jeunesse française environne avec nous de ses espérances et de ses

---

(80) M. de Boulogne. *Mandement de Monseigneur l'Evêque de Troyes* (du 21 mai 1812), à l'occasion de la naissance et du baptême de S. M. le Roi de Rome. Troyes, veuve André; in-4°, pag. 1, 2 et 3.

(81) M. Séguier; Moniteur du 28 décembre 1812, pag. 1437, col. 2.

bénédictions cet enfant royal qui doit la gouverner un jour. Nous le confondons avec Sa Majesté, dans le même respect et dans le même amour. Nous lui jurons d'avance un dévouement sans bornes (82). *Le berceau d'un enfant est aujourd'hui la première des citadelles qui défendent le trône et la France* (83). *Au premier cri d'alarme son berceau serait environné de cette population fidèle; tous tiendraient à honneur de lui faire un rempart de leur corps. Qu'importe la vie devant les immenses intérêts qui reposent sur cette tête sacrée* (84). *Dieu, qui protége la France, la préservera long-temps du plus grand des malheurs* (85). *Qu'il est doux pour cette Nation, proclamée grande par le plus grand des hommes, et bonne par le* MÉILLEUR *des Princes, de contempler son auguste chef* (86)!

―――――

(82) M. Fontanes; Moniteur du 26 décembre 1812, pag. 1432, col. 2.

(83) M. le cardinal Maury, *Mandement pour ordonner qu'il soit chanté un* Te Deum *en actions de grâces de la naissance et du baptême de S. M. le Roi de Rome.* Paris, Adrien Leclere, 1811, in-4°, p. 7.

(84) M. Chabrol; Moniteur du 28 décembre 1812, pag. 1438, col. 1.

(85) M. Defermon; Moniteur du 21 décembre 1812, pag. 1408, col. 1.

(86) M. Jubé; Monit. du 24 août 1807, p. 916, col. 3.

Hélas! *le plus brave de tous les peuples est quelquefois tenté de se plaindre qu'il a trop de gloire, en songeant qu'il reste séparé du Monarque dont cette gloire est l'ouvrage* (87). *Quel spectacle pour les Nations! Les peuples vaincus saluent Napoléon comme un libérateur, et il était réservé à lui seul d'obtenir leur reconnaissance et de mériter leurs bénédictions* (88). Nous ne le suivrons pas dans ses expéditions lointaines. *L'Empereur est trop accoutumé à vaincre, pour que nous remarquions dans son Histoire un triomphe de plus. Il suffit de dire qu'après quelques marches il était bien au-delà* du point *où s'arrêta Charlemagne, et que, supérieur à tous les grands hommes qui le précédèrent, il ne trouvera point de Roncevaux* (89). Mais qu'il nous soit permis de remarquer que *le cœur de S. M. est avare du sang de ses sujets* (90), et l'amour paternel achèvera de nous révéler tout ce que Dieu a mis de sensibilité et de bonté dans son

---

(87) M. Fontanes ; Monit. du 6 février 1807, p. 145, col. 1.

(88) M. Chaptal; Mon. du 16 janv. 1806, p. 67, c. 1.

(89) M. Fontanes ; Mon. du 1er janv. 1809, p. 4, c. 1.

(90) M. Regnault; Mon. du 15 sept. 1808, p. 1015 col. 3.

âme (91). *L'homme devant qui l'univers se tait est aussi l'homme en qui l'univers se confie. Il est à-la-fois la terreur et l'espérance des peuples; il n'est pas venu pour détruire, mais pour réparer* (92). *La France lui doit son salut; aujourd'hui elle lui devra son repos* (93). S. M. *a mérité toute sa gloire par les sentimens de justice qui l'animent, et le besoin qu'Elle éprouve que sous son règne nul ne soit opprimé par ceux auxquels Elle délègue l'exercice de sa puissance* (94). *Si quelquefois des circonstances difficiles nécessitent des taxes nouvelles, ces taxes, toujours proportionnées aux besoins, n'en excèdent pas la durée. L'avenir n'est pas dévoré d'avance. On ne verra plus, après des années de gloire, l'État suc-*

---

(91) M. le cardinal Maury, *Mandement pour ordonner qu'il soit chanté un* Te Deum *en actions de grâces de la naissance et du baptême de S. M. le Roi de Rome.* Paris, Adrien Leclere, 1811, in-4°, pag. 10.

(92) M. Fontanes; Moniteur du 6 mars 1806, p. 259, col. 2.

(93) M. Ségur; Mon. du 3 vend. an XIV, p. 7, col. 3.

(94) M. Bergasse, avocat, *Lettre à S. M. l'Empereur des Français, à Varsovie*, datée de Paris, 2 décemb. 1806, et imprimée pages XI et XII des Pièces justificatives, à l'appui des *Observations préliminaires de M. Bergasse dans l'affaire de M. Le Mercier, suivies des Pièces justificatives* (1807, in-4°, page XII, lig. 6, 7 et 8.

comber sous le poids de la dette publique, et la banqueroute suivie des révolutions entr'ouvrir un abîme où se perdent les trônes et la société toute entière. Ces malheurs sont loin de nous (95); *vous verrez avec satisfaction que notre industrie a fait de nouveaux progrès ; que jamais les terres n'ont été mieux cultivées, les manufactures plus florissantes* (96). Sous le grand homme, *la guerre qui épuise tout a renouvelé nos finances et nos armées ; les peuples vaincus nous donnent des subsides, et la France trouve des soldats dignes d'elle chez les peuples alliés* (97); sous le grand homme, *la population a continué de s'accroître; et pourquoi ne dirions-nous pas que la conscription elle-même, qui chaque année fait passer sous nos drapeaux l'élite de notre jeunesse, a contribué à cet accroissement* (98). *Si un homme du siècle des Médicis ou du siècle de Louis XIV*

---

(95) M. Fontanes; Moniteur du 28 octobre 1808, p. 1190, col. 2.

(96) M. Montalivet ; Moniteur du 27 février 1813, p. 227, col. 1.

(97) M. Fontanes; Monit. du 29 août 1807, p. 940, col. 2.

(98) M. Montalivet; Moniteur du 27 février 1813, col. 1, lignes 13, 14, 58, 59, 60 et 61.

revenait sur la terre, et qu'à la vue de tant de merveilles il demandât combien de règnes glorieux, de siècles de paix il a fallu pour les produire, vous répondriez qu'il a suffi de douze années de guerre et d'un seul homme (99).

VARIANTES.

(A) page 24. *Elle* (l'Université) *vous parle au nom des enfans qui vont croître pour* VOUS SERVIR *et pour* VOUS AIMER (100).

(B) page 24. *Bientôt nous verrons celui qui, pour avoir été long-temps éloigné du trône, n'en a pas moins régné sur nos cœurs* (101).

(C) page 30. *Buonaparte n'a jamais rien donné qu'avec l'intention d'avilir* (102).

---

(99) M. Molé ; Moniteur du 12 mars 1813, p. 266, col. 1.

(100) M. Fontanes, *Discours à S. M. Louis XVIII;* Moniteur du 4 mai 1814, pag. 491, col. 2.

(101) M. Séguier, Journal des Débats du 19 avril 1814, page 2, col. 1.

(102) M. Charles Lacretelle (jeune), Journal des Débats du 4 avril 1814, page 2, col. 2.

(D) page 30. *Si les pyramides déposent de la tyrannie des rois d'Egypte, les monumens de Buonaparte déposent bien plus clairement encore de l'horrible fréquence de ses guerres injustes* (103).

(E) page 31. *Les conquérans n'étaient point encore assez haïs; le Ciel a permis les trop longs succès de Buonaparte pour en inspirer à jamais l'horreur* (104).

---

(103) M. Charles Lacretelle, Gazette de France du 5 avril 1814, page 376, col. 2.

(104) M. Charles Lacretelle (jeune), Journal des Débats du 4 avril 1814, page 2, col. 2.

FIN.

INDEX.

Les numéros sont ceux des notes. L'astérique désigne les additions.

MM.

Bergasse. *94
Boulogne, abbé, puis évêque, 23, *56, *80.
Buronzo del Signore, archevêque. 9
Carrion-Nisas. 36, 40
Chabot, évêque. 11
Chabrol. 84
Challan. *6
Champagny. 5, 73
Chaptal. 88
Chevigné-Boischollet, évêq. 77
Colmar, évêque. 12
Courtin. 44
Cuvier. 60, 72
Dandenac. 43
Daru. 42
Dastros. *14, *18
Defermon. 85
Ecuy, *Voy.* L'Ecuy.
Fontanes. 4, 7, 25, *28, 32, 46, 47, 51, 52, 55, 66, 70, 79, 82, 87, 89, 92, 95, 97, 100.
François de Neufchâteau. 34, 38, 61, 68
Garnier (G.). 62
Guillon (M. N. S.), abbé. 16
Hémart. 64
Jacoupy, évêque. 10
Jalabert, abbé. 27, 74

MM.

Jard Panvilliers. 63
Jaubert. 33, 37, 39
Jubé (Aug.). 29, 86
Lacépède. 19, 31, 67
Lacombe (D.), évêque. 24
Lacretelle aîné. 8
Lacretelle jeune. 59, *102, *103, *104
La Place. 53
L'Ecuy, abbé. 50, 76
Legoux. 65
Maury, cardinal. 83, 91
Messier. 17
Molé. 99
Monge. 26
Montalivet. 71, 96, 98
Muraire. 20
Nougarède. 54
Pancemont, évêque. 35
Pictet. 30
Pie VII (S. S.). *2
Portalis père. 41
Portiez de l'Oise. 3
Prat (de), archev. *15, *22
Raillon, abbé. 75
Régnault de Sain-Jean d'Angély. 49, 90
Rousseau, évêque. 78
Séguier. 21, 48, 69, 81, *101
Ségur. 45, 58, 93
Zoepffel, évêque. 13
Anonymes. *1, *57

FIN DE L'INDEX.